FORTE APACHE

MARCELO MONTENEGRO

Forte apache

Copyright © 2018 by Marcelo Montenegro

Grafia atualizada segundo o Acordo Ortográfico da Língua Portuguesa de 1990, que entrou em vigor no Brasil em 2009.

Capa
Kiko Farkas/ Máquina Estúdio

Preparação
Julia de Souza

Revisão
Thaís Totino Richter
Marina Nogueira

Dados Internacionais de Catalogação na Publicação (CIP)
(Câmara Brasileira do Livro, SP, Brasil)

Montenegro, Marcelo
    Forte apache / Marcelo Montenegro — 1ª ed. — São Paulo : Companhia das Letras, 2018.

ISBN 978-85-359-3045-0

1. Poesia brasileira I. Título.

17-10439   CDD-869.1

    Índice para catálogo sistemático:
    1. Poesia : Literatura brasileira 869.1

[2018]
Todos os direitos desta edição reservados à
EDITORA SCHWARCZ S.A.
Rua Bandeira Paulista, 702, cj. 32
04532-002 — São Paulo — SP
Telefone: (11) 3707-3500
www.companhiadasletras.com.br
www.blogdacompanhia.com.br
facebook.com/companhiadasletras
instagram.com/companhiadasletras
twitter.com/cialetras

Para Katia, Marilia, Murilo e Gustavo

Sumário

FORTE APACHE (2017)
Três pensatos, 15
Spoiler, 18
Bruxismo, 19
O que segue, 20
Forte apache, 21
Breve, 22
Mulher com chapéu, 23
Sanatório Montenegro, 24
Bildungsroman, 25
Institucional, 26
Eu costumava grifar meus livros, 27
Katia, 28
Ruínas, 29
Coxia, 30
Memórias de um operador de luz, 31
Joseph Mitchell, 32
O bop, por exemplo, 33
Cabaré, 35
Ensaios, 36
Modinha, 37
Cassavetes Café, 38
Literatura comparada, 39

GARAGEM LÍRICA (2012)
Quitutes de crânio, 45
Almoxarifado de afetos, 46
Hemingway Hotel, 47
Postal, 49
Velhas variações sobre a produção contemporânea, 50
Robert Creeley Band, 52
Poetas moram dentro de seus poemas, 53
Plano, 54
Carpintaria revisited, 55
Li um texto do Fellini esses dias, 56
Filme, 58
Estranho íntimo, 59
Escola das facas, 60
Mapas, 61
Lost in translation, 62
Auréolas em latas de biscoito, 63
Contraplano, 64
Avenida Gance, 65
Amor em fuga, 66
Making of, 67
Restos de estúdio, 68

ORFANATO PORTÁTIL (2003)
Buquê de presságios, 75
Espantalho descarado, 76
Poema, 77
Estabanados aprendizes dos feiticeiros, 79
Quarteirão, 80
Teleférico de ternuras, 81

Grutas, 82
Esboço, 83
Chiado do disco, 84
Jazida, 85
Poema estatístico, 87
Forasteiro, 89
Geometria folk, 90
Eletrodos de Eros, 91
Gafieira, 92
Algo, 93
Sinopse, 94
Matinê, 95
Parmegiana song, 96
Substância, 97
2984, 98
Guardando a tralha, 100
Entre a quitanda e o onírico, 101
Blues, 102
Fissura, 103
Troglodit lyrics, 104
Carro-bomba na Terra do Nunca, 105
Exile on Main Street, 106

Toque a sua canção e dê o fora — Angélica Freitas, 107
Na vertigem poética do cinema — Marçal Aquino, 110
A vida ressoa no jogo de *Forte apache* — Tadeu Sarmento, 112

Créditos, 115

FORTE APACHE
2017

É muito difícil esconder o amor
A poesia sopra onde quer

                                    Murilo Mendes

Três pensatos

1.
PENSO naquela única gota
gelada do chuveiro quente.
Nas ilíadas clandestinas
que a febre percorre
até virar suor. Penso nas caretas
que os músicos fazem
quando estão solando.
No meu pai me dizendo
que tudo isso aqui era mato.
Penso na imagem exata
de uma aurora indecisa.
Penso em calços de papelão
para pianos mancos.

2.
PENSO em alguém que, na manhã
do dia de sua morte, desiste
de usar a camisa que mais gosta,
preferindo guardá-la para uma festa
que terá na noite seguinte.

3.
PENSO em você, por exemplo,
largando o controle
remoto e dizendo —
do jeito mais lindo
do mundo — que adora
quando consegue pegar
um filme do começo.

Spoiler

Lembro que você me contou
uma história incrível.
Embora não lembre a história,
sou capaz de soletrar,
inclusive, a brisa que,
por um microssegundo,
inflou a cortina da sala.
(Um pedacinho de uma tarde
dentre as trilhões de tardes
que existiram naquela tarde.)
Lembro as pausas,
a música dos seus braços,
o cabelo tirado do rosto
no momento exato.
(Um bombom de ternura
com licor de naufrágio.)

Bruxismo

Isto podia ser outra coisa. Uma bebedeira, por
exemplo. NÃO, não uma bebedeira, mas o começo
encantador da embriaguez. Um dia bom, qualquer
motivo, a vida irrigando o corpo como nicotina.
Podia ser uma baleia encalhada na praia
do amor. Um pote de raiva esquecido no sótão.
Podia ser uma antena em estado de coma.
Ou cacos de vidro num fliperama. Um fotógrafo
desolado por não estar com sua câmera
naquele momento. Ou um menino, sentado
na ponte, balançando os pés ao som de si mesmo.
Podia ser uma seleção de crônicas publicadas
em lugar nenhum. Um deus discotecando
instantes. Um hidrante aberto no agora.
Podia ser uma mulher suspendendo a barra
da calça para saltar uma poça. Aqueles insetos
que morrem após a picada. Uma adega de
ausências que o tempo elabora. Podia ser
um exame que, buscando uma coisa, diagnostica
outra. SIM, podia ser isso tudo. Uma solidão
acesa no abajur da melodia. Um macaco
se olhando na água no primeiro dia do mundo.

O que segue é um silêncio
habitado pela tentativa
de caçar uma brecha que seja
entre o matagal
que virou o terreno
onde antes havia
a grama aparada
desta simplicidade

Forte apache

Noel Rosa dizia que era universal sem sair de
seu quarto. Elvis Costello disse que o rock 'n' roll
não morrerá porque sempre vai ter um garoto
trancado em seu quarto fazendo algo que ninguém
nunca viu. Laura Riding, por seu turno, falava
da pretensão de "escrever sobre um assunto/
que tocasse todos os assuntos/ Com a pressão
compacta do quarto/ Lotando o mundo entre meus
cotovelos". Já François Truffaut considerava-se
pertencente a uma família de cineastas que
praticava uma espécie de "cinema do quartinho
dos fundos, que recusa a vida como ela é" —
como "nas brincadeiras de crianças, quando
refazíamos o mundo com nossos brinquedos".
Como escreveu Ferreira Gullar no *Poema sujo*,
"que me ensinavam essas aulas de solidão"?
Aliás, é Pascal quem avisa: todos os males
derivam do fato de que não somos capazes
de permanecer tranquilos em nossos quartos.

Breve

Lembro uma crônica
em que perguntavam ao Mario Quintana
se ele queria uma carona
Ele disse não, obrigado
Estou indo para outro lado

Mulher com chapéu

Consta que no Salão
de Outono de 1905,
uma assistente da
exposição apontou
indignada para o quadro
Mulher com chapéu,
no qual Matisse
havia retratado sua esposa:
"Não existe uma
mulher com nariz
amarelo!". Ao que
o pintor respondeu:
"Não é uma mulher,
senhora. É um quadro".

Sanatório Montenegro

Quando você percebe que algumas pessoas adoram deixar informações adicionais, e aparentemente despretensiosas num canto do assunto, como quem não quer nada, só para impressionar. Quando você se sente como naqueles filmes em que o panaca é confundido com alguém importante. Sua marcha atlética ridícula entrando por engano na pista dos cem metros rasos. Quando se pega mijando no poste porque o banheiro está sempre lotado. Quando rouba um olhar constrangido — lindo — da mulher que ajeitava os cabelos na porta de vidro do metrô. Quando imagina aquele amigo do Kafka falando com ele: "Não, não vou queimar seus gritos. Seu riso tímido de nicotina na garrafa térmica da repartição". Quando acabou de ver as horas, mas não lembra que horas são. Quando, esperando para atravessar a rua, você fica vendo as janelas dos carros fatiarem seu reflexo.

Bildungsroman

Nalgum ponto dos anos 90,
um amigo em comum
me apresentou ao grande
Itamar Assumpção:
"Itamar, este é o Marcelo Montenegro".
Cumprimentamos um ao outro
enquanto o meu amigo
me explicava para o Itamar
(faltou, claro, explicar
que as canções do Itamar
mudaram a minha vida):
"Ele torce para o Santos..."
Itamar, também santista,
deu a primeira franzida na testa
"... e é poeta".
Itamar, com uma discreta
batidinha no meu ombro, disse:
"Xi, cara. Desiste".

Institucional

Levando meu filho à escola — ele entra
às 7h da manhã. Percebo que a lua
ainda está no céu. Brinco dizendo
que ela deve estar vendo um filminho
para pegar no sono já que aquela
é sua hora de ir dormir. Ele me
pergunta, depois de um tempo:
"Será que o filme *somos nós*?". Um sorriso
me escapa. "É. Talvez." Andamos
mais um pouco e, já no portão,
não resisto. Pergunto se ele acha
que a lua está gostando do filme.
"Nossa, deve estar uma chatice."

Eu costumava grifar meus livros

Um medo danado de nunca mais me deparar com aquela frase. Depois passei a achar que os grifos direcionavam muito as releituras. E os substituí por microdobradinhas nas páginas. (Cocteau: "Uma única frase, e o poema todo é levado aos céus!".) Mas se este método tem a provável vantagem de atenuar a arbitrariedade e a feiura dos grifos, algumas vezes, no entanto, ao reler essas páginas, não encontrava o motivo delas terem sido condecoradas com a dobradinha, ou achava mais de um motivo para tanto. Coisas de louco com as quais, bem ou mal, "abastecemos nossa obsessão" (Philip Roth). Penso até que a literatura se alimenta desse medo. (Waly Salomão: "Escrever é se vingar da perda".) Afinal, de onde vêm os versos senão dos grifos e dobradinhas que aplicamos na existência, momentos que roubamos do mundo, instantes que nossas solidões recrutam para (T.S. Eliot) o "imundo ferro-velho do coração"?

Katia

O escritor Hank, na série
Californication, implora
ao telefone para que sua
mulher volte. Diz que,
sem ela, não sabe diferenciar
o sublime do ridículo.
De outra forma, o poeta,
neste poema, quer dizer
que em sua mulher
moram todos os seus
textos em modo futuro.
Como Patti Smith em
Só garotos. Ela escreve
que seu companheiro,
Robert Mapplethorpe,
costumava dizer a ela
sobre os seus trabalhos:
"Nada está terminado
até você olhar".

Ruínas
são esqueletos
de beleza

"Os filmes avançam
como trens
durante a noite"

O que as canções
colecionam
da gente

Luz acesa
de prédio
lá longe

Coxia

Um pai identificando no filho
um traço abominável de si mesmo
Alguém que entra
na padaria e é recebido
com um sonoro
"Não morre mais"
O jeito encantador
com que ela anda
pela loja de roupas
com uma sacola da concorrente
Duas pessoas
que quase se reconhecem
mas seguem adiante
sem olhar para trás

Memórias de um operador de luz

Ao descobrir que se tratava
do iluminador, a mulher
elogiou a luz do espetáculo.
Ele agradeceu timidamente
enquanto ela concluía:
"... a gente nem percebe
quando a luz muda".
E isso — especificamente
isso — abriu no iluminador
um sorriso por dentro:
mal sabe ela — e é vital
que não saiba — o quanto
ele mexe na luz, para que
pareça que ela não muda.

Joseph Mitchell

Falo de dias frios. De movimentar
a torneira do chuveiro
como quem ausculta
o segredo de um cofre.
Como diria Herberto Helder,
do "nosso dardo atirado
ao bicho que atravessa o mundo".
Falo de um músico
cuja maior virtude
está nas notas que não toca.
Dos filmes que não se privam
dos tempos mortos.
Sim: falo de entregar o ouro.
De alguma espécie
de alvenaria efêmera.
Das narrativas que iluminam
o que deixaram de fora.

O bop, por exemplo

Sempre me interessou como ideia, linguagem, modo de vida. Toda a mitologia em torno do Minton's Playhouse, no Harlem, na década de 40, onde muitos músicos, depois da labuta nas grandes orquestras de swing em que ganhavam a vida, rompiam manhãs investigando a sua música pessoal. Meus ouvidos infeccionados pelo encanto, no entanto, confessam: estão menos para Charlie Parker do que para Duke Ellington. Claro. Não é tão simples assim, nunca é, embora, no nervo, seja tão simples que chega a doer. O fato é que sou fascinado por melodias. Considero a criação de uma melodia uma das capacidades mais brilhantes do ser humano — uma melodia linda é um milagre. (Um garoto, certa vez, me disse ter aprendido a tocar violão por causa de "Resposta", do Skank. Achei um bom motivo.) Quero dizer poucas coisas com isso. Uma delas é que não acredito em arte "sem lastro" — o free jazz, por exemplo — nem em lastro "sem arte" — costumo ficar constrangido quando vejo certos artistas plásticos explicarem suas obras. Mesmo no bop, você parte para a encrenca a partir da estrutura de uma canção. Muitas vezes, um clássico. Que funciona como uma casa que você abandona, mas à qual, vira e mexe, volta. Você beija a testa da sua mulher; espia, lotado de ternura e incapacidades, seus filhos dormindo, rouba um biscoito do saco e volta para a rua. E não importa a quantidade de dissonâncias e quebras de escala inclusas nessa busca desesperada dos *bopers* por algo que nos escapa. Para mim, é precisamente nesses retornos à melodia que eles roçam o sublime. Aquele microinstante — "Toda coisa que vive é um relâmpago" (Cacaso) — em que tudo faz sentido e deixa de fazer.

Cabaré

para Paulo de Tharso (in memoriam) *e Ester Laccava*

E se apenas cantássemos
como dois cansaços
num "deserto sem bússola"?
E se inscrevêssemos nosso sopro
na vidraça suja do mundo?
E se parássemos
de gastar nossas fichas nesta máquina?
E se apenas fingíssemos
como dois copos tingidos
de vinho no fundo?
E se nos anunciássemos
com bocejos sinceros em reuniões de negócios?
E se apenas sangrássemos
feito fiapos de riso
que escapam do choro?
E se topássemos, entre abandonos,
com o prenúncio invisível
de um poema lindo?
Resistiríamos, desistindo?

Ensaios

1.
Nelson Cavaquinho é o Ingmar Bergman do samba;
AC/DC, os James Browns do metal;
Marcelo Nova foi o Toquinho do Raul;
o seu Francisco (a duas quadras daqui de casa)
é o Shakespeare dos pastéis; Ramones
são Beatles arruaceiros; Faulkner, um pedreiro
experimental; Lou Reed é um Frank Sinatra
roto; Carver é Hopper (em formato conto);
Tom Zé é um misto de Marcel Duchamp
com Jackson do Pandeiro; Seinfeld é Homero.

2.
Beatles é uma perfeição
a que a humanidade
raramente chega.
É Tchékhov, Rilke, Pelé
e Coutinho, Nonas
Sinfonias, Ilíadas, Catherine
Deneuves, pirâmides
egípcias de três minutos.

Modinha

Dizem que o amor
desmonta tudo por dentro
só para depois
montar de outro jeito

Estar sempre longe
de onde estamos
O charme nasce
onde nos esquecemos

Cassavetes Café

Se fosse possível (e no fundo nem é disso
que se trata); mas o fato é que eu
gostaria que isso tudo — essas
dunas de conversas e encontros
escorrendo na ampulheta do crepúsculo? —
não passasse de um pedaço de papel
(não mais, talvez, que um cupom fiscal).
Apenas para (antes que o sumo
do que não se conforma desaparecesse)
poder amassá-lo, bem amassado,
e socar dentro de um poema.
O desejo ingênuo ("amar é mais
difícil do que parece") de que alguém
distraído se eletrocutasse — do que quer
que fosse — toda vez que o lesse.

Literatura comparada

Quando o MUNDO é um cruzamento
movimentado cujo semáforo pifou.
FUTURO é um cartaz de filme antigo
num cinema que já fechou.
ANGÚSTIA é esse instante
durando meses. AFETO
é uma conversa entre velhos amigos
no bar mais próximo ao velório de um deles.
MARCOS REY
foi meu Chuck Berry da literatura.
CARNE MOÍDA é o leite
condensado das misturas.
PAZ é sorrir por dentro. POSTAIS
são imagens pingando
das goteiras do tempo.
ENTRAR é o começo
de sair. "SER ORIGINAL
é tentar ser como os outros
e não conseguir".
ACADEMIA é a repartição pública
do corpo. SIMPLICIDADE
é a superfície do topo.
FRACASSO é o abajur da sorte.
CANTAR é roubar
uns minutos da morte.

GARAGEM LÍRICA
2012

É por dentro que o iceberg se faceta.
Tal como joias numa tumba […]

                                    Elizabeth Bishop

Quitutes de crânio Lactobacilos
vivos Aspirina de enigmas e o álbum
branco dos beatles Barranco
onde nasce uma planta
rara Como quem bebe
a menstruação de uma fada Agulha
na vitrola do espanto Skates
do nada Livro lido por um
incêndio e as pupilas de gelo
que a ternura ejacula na página Lapso
apalpado como se uma janela Frase
escrita na vidraça Garoa
que a luz de um poste revela

Almoxarifado de afetos

De algum modo não deixou de brincar de parar
o cronômetro com tudo zerado. De adiantar a fita
calculando o tempo para apertar o play exatamente
no silêncio que precede a próxima música.

É por isso que se diverte, na fila,
vendo os funcionários do açougue disputarem
para ver quem se aproxima mais
do peso pedido pelo cliente. Engraçado,

quando criança brincava dizendo que relâmpagos
eram como se Deus rabiscasse o céu.
Aquela espécie de quase nada que gargalhava lá dentro
dos seus futuros brinquedos destroçados.

Hemingway Hotel

Menos o improvável silêncio na caixinha de joias
do mundo que as galerias que se ignoram,
pulsando, lodosas, num teleférico de musgos.
Menos o cérebro que suas trilhas secretas
para algum pensamento selvagem,

inútil. Menos os labirintos que se comovem
que o congestionamento de raízes
que os confunde. A gafieira de troncos
na gengiva dos passos que os latidos soterrados
no comércio de tudo.

O cipreste onde os bêbados mijam
que o bombril na antena do radinho
portátil do pipoqueiro gente fina — o enxadrista
e o moleque que balança o tabuleiro
desfazendo o jogo do irmão mais velho

por pura arte. Menos o parque contornado
por um levante de *coopers* que o indescritível
prazer do meu vizinho com câncer
fumando um cigarro escondido dos filhos.
Menos o texto que seus pontos turísticos.

A melancolia, esta espécie de amor covarde
— de sol que se abre, quietinho,
dentro do peito — que a coloração diferente
do terreno onde se ergueu o circo
que acabou de deixar a cidade.

Postal

Daqui a trinta anos, digamos,
que alguém leia este poema.
Todos os pequenos laços
que o ligam ao mundo
fora dele e à vida de um
poeta *fudido* entre milhões
de pessoas lugares motivos não estarão
mais aqui para socorrê-lo.
Daqui a trinta anos a coisa
será somente a coisa mesmo.
Uma cápsula amputada do tempo,
um bife arrancado do amor.

Velhas variações sobre a produção contemporânea

Agora mesmo algum maluco
deve estar postando qualquer treco
genial na internet,
alguém deve estar pensando
em como melhorar aquele texto
enquanto lota o Especial
de vinagrete, perseguindo
obstinadamente um acorde
voltando da padaria.

Agora mesmo alguém
pode estar pensando
que guardamos só pra gente
o lado ruim das coisas lindas —
assim, trancafiado a sete chaves
de carinho. Alguém
pode estar sentindo tudo ao mesmo tempo
sozinho, assim, brutalmente
sentimental, feito coubesse
toda a dignidade humana
num abraço tímido.

Agora mesmo alguém deve estar limpando
cuidadosamente o CD com a camisa,
pulando a ponta do pão Pullman,

sentindo o baque da privada gelada,
perguntando quanto está o metro
daquela corda de nylon, trepando
no carro, empurrando o filho
no balanço com uma das mãos
e na outra equilibrando
a lata e o cigarro. Agora mesmo
alguém deve estar voltando,
alguém deve estar indo,
alguém deve estar gritando feito um louco
para um outro alguém
que nem deve estar ouvindo.

Agora mesmo alguém
pode estar encontrando sem querer
o que há muito já nem era procurado;
alguém, no quinto sono,
deve estar virando para o outro lado;
alguém, agora mesmo, no café da manhã,
deve estar pensando em outras coisas
enquanto a vista displicentemente lê
os ingredientes do Toddy.

Robert Creeley Band

Monga, a mulher-gorila:
na dúvida, rindo da vida;
aqui, grudada no corpo,
como uma calça jeans
encharcada de chuva —
a preparação do salto
na cabeça do cervo morto.

A musa fatiada na véspera
do mágico. E o jeito encantador
com que a executiva
mexe o canudo
no copo de suco.

Na quermesse dos sentidos,
onde a noite troca de pele
com o dia — O céu esfolado,
anjos em velocípedes —
A esfiha que sobra
na lanchonete que fecha —
Onde o espanto
lustra seus rifles.

Poetas moram dentro de seus poemas

para Augusto Silva

Um saxofonista tirando à tarde
a canção que tocará à noite.
Poetas moram dentro
de seus poemas.
Alguém nadando no mar
quando a gente o perde de vista.
A cantora exaurida
subindo as escadas
com os sapatos de salto
numa das mãos.
Onde se mede a febre
da cidade. Ouvindo
até quase não suportar
a faixa mais linda do disco.
O cérebro do bandido
repassando o serviço.

Plano

Morder o pássaro do pensamento
sem apaziguar seu voo.
Caber na canção uma dor
que não cabe no mundo.
Um cachorro mancando na aurora.
A beleza fugiu do assunto.

Carpintaria revisited

Cabe à poesia, como diria Lobo Antunes,
"despentear a prosa". Dissolver-se
nela, engenhosa, anfíbia, como sal
de frutas no estômago dos contos.

Quanto à prosa — entre feiras do livro
e fichas de pôquer —, tirar da poesia
seus óculos de ópera, até que uma
jogue fora a chave da algema da outra.

Ah Roman Jakobson, bebaço,
nas estrias do texto. Porque
como o esgoto despeja no mar
a cidade vomitada — ou seja, linguagem

que recai sobre si mesma —
solto agora um romancista
dentro do poema. E o lanterninha
da página, que o mais é cinema.

Li um texto do Fellini esses dias

Que fala sobre a feitura de *Noites de Cabíria*.
Ele conta que alguns jornais do imediato
pós-guerra o censuravam por não apontar
nenhum caminho a suas personagens
no final de seus filmes (o que significava
uma atitude evasiva perante a realidade).

Que ele, a princípio, tomou a crítica
                                        [construtivamente
e pensou muito a respeito, embora a única
conclusão a que conseguiu chegar tenha sido
a seguinte: que seria desonesto consigo mesmo —
e, por extensão, com suas próprias personagens —
se lhes oferecesse finais felizes ou tristes, ou
qualquer tipo de solução ou destino fechados.

E assim, antes do título *Noites de Cabíria*,
antes mesmo do script e da própria Cabíria, pensou:
Quero fazer um filme que conte as aventuras
de uma infeliz que, a despeito de tudo,
seja uma espécie de pureza solta no mundo,
só para chegar ao fim e poder lhe dizer:

— Olha, não posso te explicar o que não sei
e fiz você passar por todo tipo de desgraça.

Mas te amo o suficiente e você me é tão simpática
que quero lhe compor uma pequena serenata.

Filme

Você pede para eu apertar o pause
e vai ao banheiro
deixando ao meu lado
seu cheiro quente
no travesseiro amassado.
Penso por um segundo
no texto que fiquei de escrever
para uma revista de literatura.
"Se é possível conciliar experimentalismo formal
e lirismo na poesia."
Ouço sua bunda
desgrudar-se da tampa
que bate seca
e levemente na privada.
A descarga, a torneira ligada,
imagino uma grande sequência.
A preguiça tem algo de comovente nos dias úteis.
Você volta ao quarto dizendo
— Está me dando uma fome!
enquanto rimos da pose engraçada
em que o ator parou.
Antes de apertar o play
chego a esboçar que algumas pessoas
são incapazes
de tirar a poesia do sério.

Estranho íntimo

Feito melodia escoltando
um silêncio; cheiro de perfume
no elevador vazio; uma travessa
da Rua dos Cataventos.

Feito poemas abandonados;
trânsito passado por uma
ambulância; a biografia das tardes
nas serralherias do tempo.

(Algo estranho e íntimo
de que eu quase me lembro.)

Escola das facas

"É contudo uma ausência
o que esse homem leva."
Sanatórios
de ternura. Cores
que endurecem
no pincel.
A dentada
que faltava
na certeza.
As sublimes
distrações
do essencial.

Mapas

Mapas malucos em muros úmidos.
Bolhas num adesivo.
Dedo cortado por uma página.
O espanto é um bairro
no olhar do meu filho.

"Não se salva um navio
não o construindo."
Cicatrizes mudas
no braile do carinho.

As janelas dos carros
fatiando meu reflexo.
Um esguicho de música
no cofre do ouvido.

Lost in translation

Parar como se esquecesse de algo,
A estranha equação dos encontros,
Onde a máquina do mundo se evola,
Canções que não cabem no corpo?

Qual bissetriz ou tropeço de passos,
Lepras de acasos, ciscos de encanto,
A numeração raspada de um revólver,
Deus chegando em ponto morto?

Auréolas em latas de biscoito

Comprar jornal na esquina e na volta conferir a caixa postal telefônica. Morder o ponto do dente onde já se sabe que a dor dói com exatidão. Guardar dinheiro antigo na carteira. Olhar as lombadas dos livros numa estante desconhecida à espera de alguém. Errar as medidas do café fora de casa. Estar perto de perceber alguma coisa. Encantar-se com parques de diversão desativados. Pisar de meia no quintal molhado pela chuva de ontem.

Contraplano

Algo ganiu no peito das formas;

vareta quebrada
de um guarda-chuva,

um cachorro
mancando na aurora.

Chave brigando
com a fechadura;

traduzindo, em
volta, o que só existe

de ir embora.

Avenida Gance

Alguma espécie de enfermaria
trêmula e o tanto de voo
que um pouso não diz.

Mais a letra do que a voz e o ângulo
feito fosse um alfaiate
para a música da luz.

Amor em fuga

No livro *Banquete com os deuses* (editora Objetiva),
Luis Fernando Verissimo escreve sobre um concerto
do Archie Shepp a que ele assistiu no New Morning.
Em determinado momento da apresentação,
o saxofonista pega o microfone e canta
"Que reste-t-il de nos amours?". "Se eu precisasse
escolher a pessoa que menos esperava ver,
um dia, cantando esta música, seria Archie Shepp.
O general Geisel talvez. O Archie Shepp nunca."
E continua: "mas também é bom saber que,
entre as coisas que 40 anos fazem com um
velho revolucionário, está essa depuração
de preconceitos: por que não 'Que reste-t-il
de nos amours'? Depois de todas as causas e de todas
as vanguardas, as boas canções ainda estão lá,
esperando para serem redescobertas. Ou talvez só
se passe pelas causas e pelas vanguardas para
poder cantar, um dia, *o que restou dos nossos amores*,
sem precisar dar satisfações a ninguém".

Making of

Acabar com toda gentileza
E concluir minha própria temporada de caça
Parar de me arriscar
Dar o fora da minha natureza
Esganar essa ternura metida a besta
Sabotar a causa
Mutilar a festa
Desistir do que penso
Psicografar meu riso
Sancionar meu egoísmo
Panfletar este silêncio
Cultivar uma plantação de morcegos
E no meu alfabeto maluco de medos
Apagar de uma vez por todas
Todos os aposentos da delicadeza
Estuprar essa leveza
Destituir-me desta maldita mania
De sempre esquecer
Uma luz acesa

Restos de estúdio

Cada cigarro fumado na madrugada fria do posto
de uma cidadezinha absurda qualquer
durante a parada do ônibus.
Quantas imagens apodrecidas
na garganta seca das descrições,
canções que não chegaram a tempo.

Quantos dentes pintados de preto
nos retratos sérios dos livros de história,
tanto amor que virou desespero.
Cada silêncio perdido no grito,
tantos cacos de vidro em cima dos muros,
como se eu mesmo os tivesse escrito.

Quantos versos criados a bordo e não anotados,
tanto rancor latejando
na mudez de socos não redigidos,
tanta fita cassete e as gargalhadas
de todos os loucos
espanando o sublime do mundo.
Quantas giletes cuspidas de um pulso,

tanto caderno novo começado,
quantas falas roubadas de amigos,
tantos pântanos não soletrados.

Quanta inocência colhida em varandas de abismos
que eu carrego comigo
como um tesouro afundado.

ORFANATO PORTÁTIL
2003

Bicicletas quebradas, velhas correntes rebentadas
Guidons enferrujados lá fora na chuva
Deveria haver um orfanato
Para essas coisas que ninguém mais quer

Tom Waits

Buquê de presságios

De tudo, talvez, permaneça
o que significa. O que
não interessa. De tudo,
quem sabe, fique aquilo
que passa. Um gerânio
de aflição. Um gosto
de obturação na boca.
Você de cabelo molhado
saindo do banho.
Uma piada. Um provérbio.
Um buquê de presságios.
Sons de gotas na torneira da pia.
Tranqueiras líricas
na velha caixa de sapato.
De tudo, talvez, restem
bêbadas anotações
no guardanapo.
E aquela música linda
que nunca toca no rádio.

Espantalho descarado

para Fabio Henriques Giorgio

ando assim
tipo um erro flácido ambulante
sem êxito, hesitante
disco riscado
fora de catálogo
no pó do instante
ando assim oco, uma crosta
vodu cansado que com a sorte
nem mais dialoga — diamante
ando assim sem linguagem
sem faro, espantalho fora de foco
ando assim
mais opaco que olímpico
esquivo, íntimo, insípido
um mastodonte pensando
desamparado
aspirando a paralelepípedo
ando assim meio buster keaton
um tanto de lágrima hasteando o riso
ando assim raso
indiferente
me divertindo um bocado
eu ando mijando no poste
porque o banheiro
está sempre lotado

Poema

centelha quando escapa
da fogueira
para o hospício
vegetal

e a madeira da ternura
desmorona
escancara o peito
feito um circo
que o vento arrastasse a lona

alegre nem sísmico
surta de volta à orquídea
do início, olhando a manada
de fora — dentro,
bem dentro
dos olhos furados
do assum preto
e o velho palhaço
querendo beijar
a placenta do mundo

vagabundo
picadeiro

nos arroubos
do saltimbanco
o semblante
do choro
de uma criança
nascendo

Estabanados aprendizes dos feiticeiros

para Batata e Negão

Nem sempre atrás de algum tipo de encrenca.
Distraídos de headphone e falando alto
em gigantescas lojas de discos. Juntando
os cascos vazios e os últimos trocados.
Trocando de assunto. Na esquina de baixo
dos fatos. Estabanados aprendizes dos feiticeiros.
Dançando pulando desgovernando o barco.
Caindo fora como velhos David Banners.
Contemporâneos de cada estilhaço.
Furtando taças de vernissages.
Bebendo vinho em copos de plástico.

Quarteirão

Aquele que pede informações
apenas para não perder o costume
de estar sempre perdido.
O sol que derrete no asfalto,
uma fita fora de rotação.
A solidão partindo no ônibus lotado.
Um velho bilhete esquecido num livro.
Alguma espécie de espanto, quase
um riso, ancorado no *ainda não*.
Daquele que só depois do roubo se recorda
que sujeitos estranhos rondavam o quarteirão.

Teleférico de ternuras

A imagem do cais, afastando-se,
lentamente. Até desaparecer
noutra imagem. O barulhinho do motorista
destacando a passagem.
E o artesanato das nuvens
que se dissolve
na face de um velho marujo
refletida no mar.
Esse frio na barriga onde mora
o que não sabe dizer.

Grutas

À paisagem gravitam
Nas grutas do invisível
Pequenas ou grandes coisas
Que não se explicam

E aparecem
E passam
Evaporam
E chovem no meio do mar

A gente nunca sabe a hora
E é sempre a hora exata

De se olhar

Esboço

enquanto espio a penumbra emudecer,
desvio do vão da costa profunda. profano,
tirano ou insano (quem sabe humano?),
ouço o esboço dos dias na caligrafia surda
daquele troço. mais um trago. não sei se
atiro ou se miro no peito um afago. no
fundo outro estrago. sândalo, machado,
outro osso para o fim. enquanto espio
avisos, boleros do amanhecer, me visto do
sumiço de contornos da penumbra.
tudo, em suma, incendeia-se em sombra.
como um imenso nó no arco-íris.

Chiado do disco

O chiado do disco entre uma música e outra
A gruta onde os lobos dormem
Alguma espécie de amor a cada passo em falso
Um ralo por onde as coisas somem
No metrô, saber qual livro a menina está lendo
A vizinhança é um barulho de panela de pressão
Há um vinho que sempre acaba antes da sede
Um resto de sol que rabisca a parede
Alguma espécie de oração

Jazida

E veio você toda habilidosa
Com a ioga da sedução
Qual vampira
Com seus lábios de larica
Enfiando a mão
Numa cavidade imaginária
Do meu peito

E de lá foi arrancando
Polaroides de espuma
Úlcera da paixão
Bruma e ódio o cio
E eu perdendo sangue
Vendo vida florescendo
Vendo-me vazio

E de lá foi arrancando
Identidades e fumaça
Mil amores
Já na carcaça
Cachaça e pedras e pedras
E bitucas de cigarro
E baganas de catarro

Você e seu faro
Jazida de uma noite
Que delira — desespero
Por onde a beleza respira

Poema estatístico

Tem uma esquina *prenha* de um latido.
Trechos de pássaros que permanecem
nos muros que ficam. E vice-versa.
Um e-mail anotado às pressas no canhoto do tintureiro.
A cirrose portátil. A síndrome do pânico.
O enroladinho de presunto e queijo.

Tem a Mulher mais Linda da Cidade.
Groupies de cabelo rosa. Poodles
da solidariedade. Alguém chorando lágrimas
de tubaína. Penélopes Charmosas.
Dick Vigaristas. Um cara que já sai desviando
do cinema *dell'arte*, evitando ser atingido
por alguma conversa perdida.

Tem a mulher da videolocadora
que não conhece o filme que estou procurando.
Um amigo que diz que escreve só para colocar epígrafes.
Taxistas infláveis. Manicures em chamas.
Um casal que desce a rua na banguela
prolongando a gasolina daquilo tudo
que um dia fora. Eu ando apaixonado
pela mulher da videolocadora.
Lendo revistas na sala de espera
do consultório dentário. Tem uma

que venta. E um que desiste.
De arranhar os vidros do aquário.

Forasteiro

devorando uma empadinha de paisagens
permanece ali
como quem não quer nada
o álcool produz lentamente
seus efeitos alma abaixo
que pode mesmo pressentir
a chegada triunfante
de uma tropa secreta
de coincidências

Geometria folk

Brasa de cigarro espetando a escuridão
Um videocassete com rodelas meladas de copo por cima
Retirando os excessos de um texto
Como quem tira a importância das coisas
Uma flor num pote de margarina
O eterno despido de um uivo?
O poeta está sempre verde
Inseto que se arrebenta na miragem de vidro
A cara de quem acorda sem saber onde

Eletrodos de Eros

amanhece o dia ou não à p
rocura de um amém um era
uma vez uma guimba um mi
lagre uma deusa de bruços
um ponto-final que o ilum
ine ou rasure um pedaço d
e um osso o esboço de um
a obra-prima ou 100 gram
as de churros em suma um es
porro um emplastro um pl
asma de plástico que escor
rega do útero um salto u
ma sílaba zen um sol um s
usto o socorro de um tor
so uma trompa ou fissura
ou de um troço qualquer q
ue interrompa seu pulso

Gafieira

Esta dança memorável
da dança consigo mesma.
Discreta e sem segredo.
Uma alma que se lava.

Do carvão ao durante
e assim por diante.
Viver encontrando
o que não procurava.

Algo

Na travessia de tardes degoladas
a suprema confusão
de algum sentido — ainda
ou para sempre tosco.

Algo em mim que eu nem suspeito
amadurece mais um pouco.

Sinopse

Canetas que falham ao lado do telefone.
O baque das havaianas na escadaria.
O labor sigiloso de um poema.
Um gemido de geladeira
nalgum ponto perdido do dia.

Um copo que nosso brusco
e cômico malabarismo
evitou que se quebrasse.

Matinê

Às vezes saio do cinema
E me ponho a andar
Cartografias pessoas
Apenas olhar
Ter a leve impressão
De que a cidade está grávida
De um outro lugar

Parmegiana song

1.
Tem dias me arreganho
Noutros me desconheço
Me pulverizo, jogo no cesto
Todo e qualquer sentido
Me sofistico, desvendo os nós
Do meu próprio avesso
Tem dias me apanho arisco
Não me convenço, me desminto
Me surpreendo, dinamitando a volta
Das pontes que eu atravesso

2.
Tem dias que penso: quanto mais épico
Mais íntimo, depois, sem jeito
Eu mesmo me desconverso
Tem dias cabaré, noutros
Convento, e retiro o que sinto
Assim, subindo meu preço

Substância

não há substância alguma na imagem que procuro
tampouco há discrição
ou dedos em riste
algumas músicas a gente nunca sabe se são alegres
ou se são tristes
do ponto exato
onde deram o nó

2984

    incorporando *Clara Crocodilo* e o *Bandido da Luz Vermelha*

assim falou Zaratustra
ao Recruta Zero: quem tiver de sapato
não sobra

office boy com mortadela
na diarreia de dr. Phibes
Clarabela de biquíni
num anúncio de soda

sorrisos de latas de ervilha
e holofotes de esparadrapo
na sucursal
do Grande Frigorífico

enquanto estereofônicos repolhos
zombam de tudo isso
e nada disso

Desembucha, canalha!
gargalhadas de Rosebud
nos buchos do precipício

corta essa, nenhum grilo
esculhamba e avacalha

o Bandido da Luz Vermelha
aos gritos
de Clara Crocodilo

Durango Kid Alighieri
Perfume de Gardênia

uma lâmina no olho
e o cérebro equipado
para a próxima amnésia

Guardando a tralha

Repara. Há sempre alguém
guardando a tralha. Tremendo a foto.
Aprimorando a tara.

Há um deus maluco embaralhando
as cartas. Uma banana quase preta
na fruteira. E o último gole
da cerveja em lata.

Entre a quitanda e o onírico

As infiltrações nostálgicas
dos tetos empretecidos.
Bocejando colinas azuis.
Pingentes de sangue no piso branco.
Despertar assustado
com o próprio ronco.
Uma matéria de jornal
guardada para se ler depois.

Feito um rosto, íntimo, que a gente
se esquece. Na ponta da língua.
Na esgrima dos olhos. A palavra que falta
é uma unha que cresce.

Blues

na partitura
de
tudo

um
timbre
que
não
cala

como
a pele do
tigre

no
tapete
da
sala

Fissura

Passageiros da mesma fissura
eu e você
dentro do vento

Escondidos
no mesmo grão
de poeira

Troglodit lyrics

chega em casa estouvada madrugada/ num
só prego/ bode/ as pernas entornam
pela sala/ o fígado/ passional/ despedaça
na latrina/ o estômago suporta a última
besteira/ sem cerimônia/ por lá mesmo
fica/ neblina na geladeira/ guiado por
anjos/ asnos barrocos/ com desastre
adentra ao quarto/ restam ainda as
mãos/ só o que precisa/ para a janela
escancarar/ e levemente o que resta
arremessar/ no parapeito de alguma estrela

Carro-bomba na Terra do Nunca

A noite colhe suas rosas como um monólogo
Veste as meias com a parte do calcanhar para cima
Uma vendedora de correio elegante na quermesse
De óculos escuros dublando esse frio na barriga

Algum louco internado na minha garganta
A linha do horizonte espalhada pelo labirinto
Pilotando um Carro-bomba na Terra do Nunca
O medo é um rascunho passado a limpo

Exile on Main Street

O balde azul-claro. O velho quintal.
O cabeçote sujo da memória.
Um filme que se soletra, a tacape, desde o fim.
Forte apache. Benflogin. A lisura do serviço.
Que ser moderno, meu bem, dá nisso.
Poemas sóbrios, beges, concisos.
E evitar no poema palavras como: bugiganga.
220 volts. Rick Wakeman é o Olavo Bilac do rock.
Nem todo perna de pau tem seu dia de craque.
Estelionato. Western Spaghetti. Birra de criança.
Charme incerto de forasteiro, baby.
Que o cachê cobre a fiança.

Toque a sua canção e dê o fora
Prefácio à segunda edição de Orfanato portátil
(*2012*)

Angélica Freitas

Quando o Marcelo Montenegro me contou que estava preparando para breve uma reedição de seu *Orfanato portátil*, eu fiquei muito contente. Se não me engano, fui a feliz compradora de um dos últimos exemplares da primeira edição, que saiu pela editora AtritoArt, de Londrina, em 2003.

A compra se deu da seguinte maneira: eu havia lido alguns poemas do Marcelo na internet e gostado muito. Resolvi mandar um e-mail para ele perguntando onde poderia comprar o livro e tal. Na verdade, também queria encontrá-lo: naquela época eu estava começando a mostrar meus próprios escritos e não conhecia muitos poetas. (Chega uma hora em que você, escritora ou escritor de versos, não se aguenta mais e precisa sair do seu bunker e fazer contato.) Então o Marcelo foi um dos primeiros poetas que eu conheci. Sorte a minha.

Nos encontramos num café na rua Augusta. O Marcelo se desculpou e disse que tinha pouco tempo, que precisava trabalhar em seguida — ele ia fazer a iluminação de uma peça da Cia. Cemitério de Automóveis —, mas mesmo assim ficou um tempão conversando comigo sobre poesia. Ele me deu a maior força. E pagou os cafés.

Depois daquele encontro, o *Orfanato portátil* encontrou um lar na minha mochila. Subíamos e descíamos a avenida Angélica e, em cada boteco em que eu parava para tomar um café ou uma coca-cola, abria o livro. Cada vez gostava mais dele. Sei que gosto de um livro quando os poemas me deixam com vontade de escrever. Também sei que gosto de um livro quando preciso interromper a leitura, pegar o meu casaco e dar uma volta por aí. *Orfanato portátil* sempre tem esse efeito sobre mim, não importa quantas vezes eu leia "Buquê de presságios" e "Espantalho descarado". Há eletricidade circulando pelos poemas. Há ritmo, coisa rara de se encontrar. Também tem uma coisa meio improviso de bebop. Lembro um poema[*] de um espanhol que cita um músico de jazz — basicamente o cara dizia "toque a sua canção e dê o fora". O Marcelo sabe fazer isso. Então, como disse antes, fico muito feliz em saber que este livro vai ser reeditado, porque o meu exemplar eu não empresto. O *Orfanato portátil* vai habitar

---

[*] "... Ni más ni menos/ que un oficio./ ¿Como decía Pavese?/ No, como Pavese no. Como ese músico/ de jazz. ¿Te acuerdas?/ Freddie Green./ Llega, toca, lárgate" (Roger Wolfe).

novas mochilas, inspirar novos poemas, fazer novos trajetos. Já estava na hora, Marcelo.

Na vertigem poética do cinema
Orelha de Garagem lírica (*2012*)

Marçal Aquino

É com o cinema — com o Grande Cinema, bem entendido — que *Garagem lírica* estabelece um diálogo caloroso, apaixonado, íntimo. Ao reverenciar mestres como Fellini e Truffaut, com direito até a um aceno para a fulgurante contemporaneidade de Sofia Coppola, os textos de Marcelo Montenegro se deixam contaminar pela vertigem poética do cinema, sem que isso implique qualquer risco para sua natureza literária.

Ao contrário. A aproximação das linguagens, a ponto de o autor se apropriar de termos técnicos para nomear suas criações ("Plano", "Contraplano", "Filme", "Making of"), não fosse ele mesmo um profissional do roteiro e do vídeo, serve, acima de tudo, para expandir as possibilidades, digamos, *narrativas* da poesia.

Mas se o cinema está na essência de *Garagem lírica*, as filiações e referências mantêm o livro nos domínios da literatura, como atestam as explícitas menções a Hemingway, João Cabral, Drummond, Frost, Herberto Helder e Luis Fernando Verissimo (não por coincidência, outro grande aficionado pelos filmes).

Mais que isso, porém, é o próprio discurso do poeta, livre a ponto de flertar abertamente com a prosa, que se converte na reafirmação de seu compromisso com uma forma particular de ver e escrever poesia. Cinema de autor, pois.

O resultado é um conjunto de imagens, muitas vezes desconcertantes, como se Marcelo Montenegro avançasse de câmera em punho, arrolando o que o mundo tem de belo, triste, espantoso — espantoso, sobretudo, que o espanto é matéria-prima, uma espécie de pré-sal da poesia. A maioria dessas imagens trespassada por aquela luz melancólica que cai tão bem em nossas películas favoritas.

Bom filme pra todos.

A vida ressoa no jogo de *Forte apache*

Tadeu Sarmento

Quando a expressão *exata* coincide com a expressão *mais bela*, temos o selo do grande escritor: a constatação da impossibilidade dessa coincidência. O coincidir, na poesia de Marcelo Montenegro, traduz-se em riqueza e estilo da música precisa das palavras, entrelaçada com a beleza do pensamento. Sua atenção inclinada ao *supostamente* irrelevante demonstra que o que a maioria das pessoas tem em conta como *relevante* não é o essencial.

Nada na poesia de Montenegro é o que parece ser. Seu olhar é limpo, mas oculta. Nem mesmo as citações pop com as quais recheia seus poemas parecem ser o que são. Se em outros autores isso pode soar como o reflexo de uma vulgaridade vazia e gratuita, em Montenegro, ao contrário, serve unicamente para deixar o leitor à vontade, como se reconhecesse o terreno onde pisa. E assim caminha o leitor, confiante, até o momento de ser fisgado, retirado da superfície pelo *susto*. Montenegro apanha o leitor no cerne de sua *distração*. Nossos pés saltam, ficamos no ar, somos pegos de surpresa. O capricho de ocultar nas entrelinhas é a arte maior. Ler os poemas de Marcelo Montenegro é contrair a culpa moral por não ter percebido o que estava bem diante dos nossos olhos. Sua literatura é como as lembranças protegidas pelo esquecimento. Dessas que quando vêm à tona renunciam à sua intenção de *memória*, e emergem apenas para tocar na delicadeza da vida e nos deixar *desamparados* diante de nossas certezas. Então recordamos que a vida é um teste de múltipla escolha entre uma e outra *fatalidade*. Que somos efêmeros. Que o presente é a cristalização tanto do passado quanto do futuro. Que o mundo não passa de uma grande clínica para ciclotímicos. Que o que nos resta é viver com o máximo de honestidade possível para conosco e com os outros. Que estamos condenados à infelicidade, embora os raros momentos felizes possuam o privilégio único de serem singularmente *belos*. E é não apenas para a rara felicidade que nos abrem o caminho os poemas de *Forte apache*: mas para suportarmos a infelicidade com a nobreza de sabermos diferenciar o *essencial* do *supérfluo*. Tudo isso sem grandes danos ao silêncio. *O realmente necessário* Montenegro não diz. Deixa nas entrelinhas para que o decifremos. Pois este é o jogo. E é *só no jogo que a vida ressoa*.

Créditos

Além das já citadas nos próprios poemas, há outras peças fundamentais espalhadas por este *FORTE APACHE*: Anton Webern, François Truffaut (título em "Amor em fuga" e aspas em "Ruínas"), Ken Burns, Jim Dodge (aspas em "Cassavetes Café"), Jean Renoir (aspas em "Literatura comparada"), The Rolling Stones, Marcelo Mirisola, Ian McEwan, Julio Cortázar, Arnaut Daniel, Augusto de Campos, Sérgio Sant'Anna (referência a "Um conto obscuro" em "Poetas moram dentro de seus poemas"), Robert Frost, Sofia Coppola, Carlos Drummond de Andrade, Gonçalo M. Tavares (aspas em "Mapas"), Elvis Costello (sua frase em "Forte apache" também costuma ser atribuída a Frank Zappa), Roberto Piva, George Orwell, Nietzsche, Arrigo Barnabé, Rogério Sganzerla, Orson Welles, Luis Buñuel, Luiz Gonzaga, Caio Fernando Abreu, Charles Bukowski, Federico García Lorca, Fabrício Corsaletti, Raduan Nassar, Mário Bortolotto, Ana Cristina Cesar, Cioran, João Cabral de Melo Neto (título e aspas em "Escola das facas").

ESTA OBRA FOI COMPOSTA POR ACOMTE
EM MERIDIEN E IMPRESSA PELA GEOGRÁFICA EM OFSETE
SOBRE PAPEL PÓLEN BOLD DA SUZANO PAPEL E CELULOSE
PARA A EDITORA SCHWARCZ EM FEVEREIRO DE 2018

A marca FSC® é a garantia de que a madeira utilizada na fabricação do papel deste livro provém de florestas que foram gerenciadas de maneira ambientalmente correta, socialmente justa e economicamente viável, além de outras fontes de origem controlada.